DE LA

CONVALESCENCE

DU

GENRE HUMAIN.

Lyon. impr. de J. B. Pélagaud.

DE LA
CONVALESCENCE
DU
GENRE HUMAIN,

PAR L'AUTEUR DE

L'AGONIE DU GENRE HUMAIN.

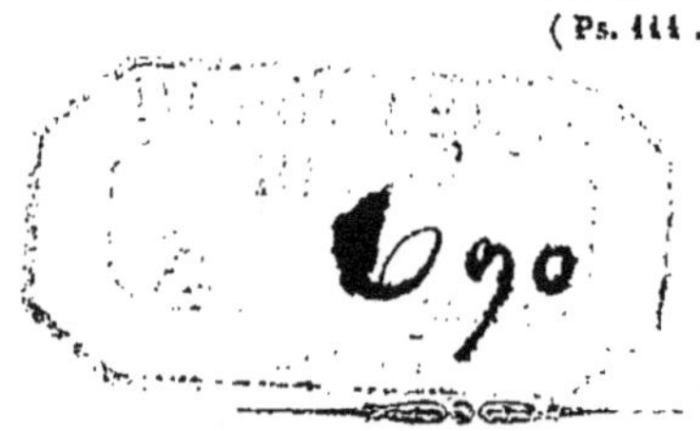

Exortum est in tenebris lumen rectis.
(Ps. 111 . v. 4.)

LYON
IMPRIMERIE DE J. B. PÉLAGAUD ET CIE
1853.

DE LA

CONVALESCENCE

DU

GENRE HUMAIN.

Nous ne pensons pas que, pour autoriser le titre de cet opuscule, il soit nécessaire de justifier
l'affection délétère qui, depuis plus d'un demi-
siècle, débilite l'organisme du genre humain, et
le précipite avec une nouvelle puissance chaque
jour vers l'impossibilité d'être. La moindre ob-
servation suffit pour se convaincre de l'existence
de cette fatale affection. A ceux qui ne veulent

1

pas observer, ou qui se défient de leurs obser
vations, nous citerons quelques autorités contemporaines, bien de nature il nous semble, à
les impressionner, entre bien d'autres que nous
pourrions produire.

« Je désirerais de tout mon cœur partager
« vos espérances sur l'avenir ; mais je vous
« avoue que ma faible vue ne saurait aperce-
« voir, dans ce monde qui se dissout, le germe
« d'une restauration complète et durable. Je
« cherche vainement à concevoir par quel
« moyen le genre humain pourrait guérir de la
« maladie dont il est atteint. Puissé-je me
« tromper ! mais je la crois mortelle. Remon-
« ter du fond de l'erreur au sommet de la vé-
« rité : malgré les passions, malgré la science,
« malgré l'imprimerie, cela me paraît contraire
« à tout ce que nous connaissons des lois qui
« régissent le monde moral. Le dirai-je ? il me
« semble que tout se prépare pour la grande et
« dernière catastrophe... »

Or, de qui viennent ces paroles ? le croirait-
on ? elles sont sorties comme un cri d'épouvante

de la bouche de celui qui s'est fait, dans ces derniers temps, l'agent le plus actif du chaos dont il s'effrayait jadis; de M. de Lamennais écrivant au comte J. de Maistre !

Et l'homme de génie, l'éminent poète dont les merveilleuses qualités ont longtemps éclipsé les défauts, M. Victor Hugo, quelques jours seulement avant de s'acharner à tout ce qu'il y a de sociable dans la société, comme il l'a fait et le fait encore, ne s'écriait-il pas, avec un touchant accent de foi, de poésie et de sincérité :

> Une chose, ô Jésus! en secret m'épouvante,
> C'est l'éclat de ton nom qui va s'affaiblissant.

Oui, c'est M. Hugo lui-même, le fougueux tribun qui, aux jours de sa raison calme, voyait l'humanité tout entière compromise dans les sentiers où elle se précipitait.

L'éminent philosophe, dont les paroles faisaient loi, de son vivant, et sont devenues des oracles depuis sa mort, l'auteur de la *Législation primitive*, n'a t-il pas dit formellement dans

un journal célèbre, en terminant une récapitu-
lation des maux qui planaient sur le monde :
«... et l'on a pu lire sans trop d'étonnement
un livre publié par un homme... sous le titre
inouï de l'*Agonie du genre humain.* »

Enfin Donoso Cortès, si prématurément en-
levé à la religion et aux lettres, n'a pas craint
d'écrire et de signer ces lignes, il y a quelques
années :

« La société européenne, c'est-à-dire universelle, se meurt ; les extrémités sont froides, le
cœur le sera bientôt. Elle se meurt, parce qu'elle
est empoisonnée ; elle se meurt, parce que Dieu
l'avait faite pour être nourrie de la substance
catholique, et que des médecins empiriques lui
ont donné pour aliment la substance rationa-
liste.»

Ces aveux si puissants, remarquons-le bien,
de quelle date sont-ils ? Peut-on raisonnable-
ment penser que ces hommes remarquables se
fussent rétractés depuis, lorsqu'on voit que deux
d'entre eux, en désespoir de cause, et comme pour

prouver la vérité de leur thèse, se sont, nouveaux Empédocles, précipités dans le gouffre dont la pensée les tourmentait? Que si, maintenant, quelques hommes s'obstinaient à ne voir qu'une conflagration locale là où nous la tenons pour universelle, nous leur dirions en deux mots : Rappelez-vous les jours de meurtre et d'épouvante que vous venez de passer. Eh bien ! n'est-il pas vrai, rigoureusement vrai, qu'une de vos plus grandes désolations était de n'entrevoir aucune nation, aucun coin de la terre où vous pussiez vous refugier, vous et les vôtres ? donc le fléau était universel et vous paraissait tel.

Maintenant :

La France, l'Europe, le monde entier étaient dans la stupeur; autel, trône, agriculture, commerce, industrie, finances, beaux-arts, croulaient l'un sur l'autre avec un horrible fracas. Des hurlements effroyables s'élevaient par-dessus le tumulte des plus grandes cités, et retentissaient jusqu'au fond des plus paisibles soli-

tudes naguère, on eût dit ces mugissements des
flots de la mer au bruit desquels les hommes doivent sécher de frayeur. Enfin tout semblait
perdu fors la ruine, l'épouvante, le viol et le
carnage; bien loin qu'il y eût aucun recours à
avoir aux hommes, la prière, la prière même,
si nous osons le dire, semblait impuissante; on
n'entrevoyait de refuge que dans la résignation, la résignation, du reste, la plus bénie des
prières.

Tout à coup, au sein de ce chaos sans modèle
et sans nom, un homme apparaît; cet homme
n'est bien qu'un même et seul homme, il n'a
bien que sa propre et seule individualité; mais,
par une circonstance providentielle, une autre
individualité fameuse entre les plus fameuses se
trouve tellement placée sur sa voie, tellement
bien groupée avec la sienne (1), que les peuples

(1) En effet, comme si le héros n'avait pas assez de
son immensité et que l'on craignît que la mémoire ne
s'en refroidît chez les hommes, ses antagonistes les plus
naturels, ceux qui avaient le plus d'intérêt à laisser
son nom s'assoupir, s'en vont à grands fracas et à grands

les confondent, et de ces deux individualités n'en font qu'une ; de telle manière que les vingt ans de travaux et de gloire de son homonyme resplendissent sur son front comme une étoile, illuminent sa personne d'une splendeur inconnue, et en font un homme colossal.

C'en est assez ; le pays n'hésite pas : c'est l'homme providentiel, c'est lui qui doit le sauver ! il se précipite au-devant de lui, et à deux reprises lui défère le pouvoir suprème par une généralité de suffrages inconnus jusqu'ici, et pour toutes limites à ce pouvoir, ne lui impose

frais quérir ses restes mortels sur un roc perdu au milieu des mers, au bout de l'univers, pour lui donner dans la plus fameuse capitale du monde, et en face des nations ébahies, une sépulture aussi glorieuse et aussi triomphale que celle qu'on eût pu lui décerner lorsqu'il tenait dans ses mains les destinées du monde. *O altitudo !*

Qu'il nous soit permis de le faire remarquer : ne dirait-on pas l'aveuglement trop célèbre, hélas! de cette nation qui, dispersée par le monde, y protége, y glorifie, y venère les textes qui l'écrasent elle-même et nous élèvent sur ses ruines?

textuellement que sa volonté propre. Quelle imprudence ! ou plutôt quelle sagesse! ou plutôt quel phénomène! car il fallait tout cela, Louis-Napoléon était l'homme choisi.

En effet, à peine a-t-il touché aux premières marches du trône, qu'au grand étonnement de tous, sans études, sans préambules, il improvise la paix, l'abondance; parle un langage émouvant, qui parfois semble rajeuni de près de dix-neuf siècles, ou du moins dont nous n'avions aucun exemple. A sa voix, l'ordre, la justice, la raison universelle, semblent s'agiter dans leur tombe, et, secouant le linceul qui les enveloppe depuis de si longues années, soulever la tête, mais silencieusement et progressivement, de peur, dirait-on, d'épouvanter les hommes. Il marche, et le bien le suit. Il fait mieux que les deux dernières générations n'ont vu faire; mieux, à coup sûr, que celui qu'eût choisi la plus froide habileté; mieux enfin, le dirons-nous, que ne le demandaient peut-être quelques-uns de ceux qui l'ont appelé en aide et se sont précipités dans ses bras. Quel succès ! quelle gloire!

Il faut bien en convenir : les circonstances que chacun peut apprécier ne sont point étrangères au prodigieux éclat de sa fortune; mais sans son génie, sans son grand caractère, sans la belle et sublime direction qu'il a donnée à sa pensée, sans la générosité et l'humanité de ses instincts, qu'auraient fait les circonstances? D'ailleurs, convenons-en, les grandes étoiles ne sont providentiellement dirigées et ne se posent que sur la tête des grands hommes.

Si nous disons, dans notre loyale indépendance : Oui, Napoléon est marqué du sceau de la fortune; qui donc pourra refuser de dire : Napoléon est marqué du sceau instinctif de la première nation du monde? Or, quoi de plus valable, de plus respectable que cette double consécration? Et la preuve qu'à cette double consécration il s'en joint une troisième, sans aucune comparaison plus puissante et plus significative encore, celle de Dieu, c'est qu'il n'existe pas sous le soleil un seul homme véritablement homme de bien et à la fois véritablement homme de sens, et remarquez bien encore, *ayant le temps de penser* (1) : un seul homme , disons-nous, depuis les plus puissants monarques jusqu'au plus abandoné des pâtres , sans en excepter le prétendant lui-même, qui ait, nous ne disons pas seulement le droit de traverser la fortune de Napoléon III, mais nous disons encore, qui ait intérêt à le faire.

Nous le comprenons assez, la position devient embarrassante. Dans quelle catégorie placerons-nous, nous ne disons pas ces hommes de rage , de spoliation et de sang, car ces hommes sentent très-bien dans quelle catégorie ils doivent figurer, jusqu'aux jours heureux où le repentir les ramènera dans nos bras, mais nous disons ces hommes qui se respectent, qui croient en eux-mêmes, dont les allures sont celles de gens de bon ton et de probité, qui néanmoins se piquent de faire de l'hostilité à ce qui existe ?

(1) Pour l'homme *qui a le temps de penser*, il n'y a rien de mieux à faire que d'être vertueux.

FONTENELLE.

L'expression nous semble heureuse et nous nous en emparons.

D'abord, nous mettrons en avant cette généralité inoffensive : *Tout ce qui brille n'est pas d'or*, et quant à ceux qui prétendraient défendre leurs droits à la pure nature aurifère, nous nous permettrons de leur dire : Etes-vous bien sûrs d'avoir pris le bon parti? tout est-il bien avouable dans vos motifs d'éloignement? Voyons, faisons ensemble votre examen de conscience, en véritable homme de sens, en véritable homme de bien, et en homme qui a le temps de penser.

Vous : franchement, est-ce bien l'amour du pays, de la religion, de l'humanité, qui vous dirige, ou bien le zèle outrecuidant de votre maison, de vos ancêtres, de votre position que vous craindriez de compromettre, en venant vous abriter dans l'arche du commun salut?

Vous : n'est-ce pas pour relever votre individualité vulgaire ou de nouvelle date que vous cherchez à la confondre avec d'autres plus antiques et plus célèbres en marchant sur leurs traces?

Vous : dans le sentiment pénible de votre

impuissance pour l'action , n'avez-vous point pensé.vous faire une certaine position par l'emploi persévérant de votre puissance d'inertie?

Vous : sans vous l'avouer toutefois , n'en seriez-vous point à trouver que Napoléon prend trop les chosesau sérieux ? La morale est bonne, sans doute, la religion est bonne, mais il faut leur laisser plus de marge. Voyez les dix-huit ans du dernier règne : voilà , voilà comment il faut mener les affaires ; voilà comment il nous faut des maîtres.

Vous : vous avez du talent, vous avez fait retentir la tribune et les journaux de votre puissante parole ; vous vous sentez de force à recommencer ; et vous interdire les moyens de le faire, c'est vous ravir un droit, une liberté dont vous voulez jouir avant tout. Il en sera de la société et des choses humaines ce qu'il plaira à Dieu ; mais vous entendez et vous prétendez, avant tout, qu'elles vous servent de distraction et d'illustration, en élevant un piédestal à votre gloire ; mais, grâce pour l'expression, Louis-Napoléon n'entend pas de cette oreille , non plus que nous autres tous.

Vous : ne seriez-vous point le disciple puéril de la mode ou l'esclave de l'abrutissante imitation ?

Vous : ne pourrait-on pas vous ranger parmi ces certaines âmes qui, pour s'affranchir du fardeau de la reconnaissance et sacrifier à la triste passion de l'envie, ont bien le courage de vous dire : « Louis Napoléon , nous ne lui devons rien. C'est son ambition qu'il a consultée, il a travaillé pour lui et non point pour nous. » C'est très-bien, mais les travaux qu'il a entrepris étaient-ils dirigés contre les vôtres, ont-ils contrecarré les vôtres ? Si loin de là qu'ils les ont puissamment servis ; eh bien alors !...

Mais, dites-le nous, l'abeille qui vous réjouit de son miel, le rossignol de sa mélodie, le paon de son plumage, croyez-vous qu'ils se soucient beaucoup de vous ? et vous-mêmes, industriels de toute condition, qui trafiquez sur l'or et la soie, qui sillonnez les mers en tout sens, qui bravez tous les périls, qui vous morfondez pour nous apporter en tribut vos produits et ceux du monde entier; quels intérêts consultez-vous , sont-ce les vôtres ou les nôtres? Allons, allons, soyez donc plus raisonnables, prenez le temps de penser, et vous n'exigerez pas que vos grands hommes ne soient pas des hommes, et vous comprendrez comment le grand Dieu de Bossuet a cru devoir faire interdire aux hommes, par ses oracles, la prétention d'arriver à aucune vertu, même la plus sublime, la plus désintéressée en dehors du principe de l'amour de soi.

Conviendrait-il de traduire ici au tribunal de la raison la classe bénévole, mais trop circonspecte, des *il faut voir?* pardon pour la simplicité et la répétition de cette forme de critique; mais des analogies sensibles, puisées dans la nature vulgaire, nous semblent le moyen le plus simple et le plus sûr pour arracher à leurs illusions les hommes de bonne foi.

Eh bien! nous leur dirons : Vous avez fait votre choix, vous allez épouser une femme jolie et vertueuse, vous êtes au comble de vos vœux. Mais qui vous dit que d'ici à quelques mois ou quelques années votre jolie femme ne sera pas devenue une laideron, et votre vertueuse femme une femme qui n'est plus vertueuse? — Mais rien n'est fini; il faudra voir encore. — C'est très-bien; mais si, pendant que vous cherchez à voir, un autre prétendant plus décidé que vous se présente et vous enlève le trésor que vous aviez trouvé! — Eh bien! de nouveau je me mettrai à la recherche de celle qui m'offrira toutes les chances possibles de bonheur. — Mais si, à chaque nouvelle occasion, la lenteur minutieuse de vos investigations amenait la même mésaventure? — Eh bien! nous ne nous marierions pas; après tout, qu'est-ce qui nous force de nous marier? — Oh! c'est très-vrai, vous pouvez très-bien ne pas vous marier, et c'est ce qui vous sauve ici du ridicule et de la déraison; mais vous ne pouvez pas également vous dispenser de choisir entre la hache des socialistes et le sceptre protecteur de Napoléon III. En gens raisonnables et qui savent penser, faites donc votre choix. Dans tous les cas, sachez-le bien, chiffres, révélation et faits accomplis exceptés, la certitude usuelle de l'homme, c'est la probabilité la plus probable; or, envers et contre tous, la probabilité la plus probable est ici pour l'empereur Napoléon III. Donc Napoléon III est notre certitude.

Parmi les opposants à la fortune de Napoléon, ne faut-il pas tenir compte de ces frondeurs essoufflés qui, dans l'impuissance de faire mieux, vous soutiennent que Louis-Napoléon n'a eu à faire, non pas précisément qu'à des agneaux, mais qu'à des hommes incapables des crimes et des projets dont on les a indignement accusés ! eh l'assassinat du parlementaire sacré ! eh les assassinats de!.. eh les scènes atroces de...! eh les proclamations de Ledru-Rollin, Mazzini, Kossuth! En vérité, un pareil témoignage de mauvais vouloir est si ridicule, si révoltant, que si la vengeance était aussi avouable que du temps du fils de Pélée, et que nous autres, tous les premiers, ne fussions pas exposés à en être les victimes, nous serions fort tentés de dire à Napoléon : « Sire, remettez, remettez pour quelques jours le pouvoir aux mains de ce tas de braves gens à qui vous l'avez arraché. Nous verrons bien après. »

Maintenant, nous le demandons, aucune de

ces hypothèses est-elle de nature à justifier l'opposition d'un homme véritablement homme de
bien, homme de sens, et ayant pris le temps
de penser?

Vient, il est vrai, la légitimité pure, la seule
honorable de ces préoccupations, sans en être
pour cela dans le fond moins fàcheuse et plus
rationnelle; à ceux qui s'en feraient un droit ou
une excuse, nous dirons d'abord: Vous n'avez
pas pris le temps de penser.

Connaissez-vous bien le milieu dans lequel
nous vivons? Avez-vous bien réfléchi sur la situation des hommes et des choses? Vous parlez
à merveille, France, légitimité, tradition, histoire, honneur, gloire du passé; mais le passé
n'existe plus, il ne dépend ni de vous, ni de
nous de le faire revivre.

On ne voit pas deux fois le rivage des morts.

Cependant le présent, l'avenir, nous épouvantent; faut-il donc, par un respect judaïque, pour
un honneur éteint parce qu'il est sans but,

pour un passé qui n'est plus, nous laisser emporter par le torrent qui nous menace, tandis que, dans la position extrême où nous nous trouvons il n'y a réellement en dehors des moyens de la légitime défense, que ceux patronés par la conscience, la conscience vive et intrinsèque ?

Eh bien ! dans ce dernier cas, et c'est le nôtre, peut-on bien dire comme disent certaines gens, en se tenant la tête des deux mains, tant ils sont ravis d'aise de se la sentir sur les épaules : « Il est vrai, nous sommes encore les maîtres de cette importante partie de nous-mêmes ; nos femmes, nos filles, pour qui nous palpitions d'effroi et d'horreur, sont encore pures des derniers outrages ; la société, que la barbarie envahissait à grands pas, se reconstitue partout à vue d'œil ; enfin, les trônes sur lesquels il n'était pas de souverain, si brave et si puissant fût-il, qui ne tremblât, qui peut-être ne tremble encore dans le fond de son cœur, sur son prochain avenir, reprennent de la stabilité et de l'éclat. Tout cela est très-bien : nous sommes reconnaissants, comme nous devons l'être, envers l'auteur de ces services éminents ; mais nous ne pouvons lui engager nos bras, ni notre foi. »

Les temps sont bien mauvais ; la partie n'est pas gagnée, il s'en faut, et si Napoléon venait à la perdre, faute de vos bras et de votre foi, que deviendriez-vous, que deviendrait le pays, que deviendrait la société ?

—Allez, allez, ne craignez rien : nous sommes là, nous veillons.

Ah! parbleu, voilà qui est précieux! chargé de sa quatre-vingt-dixième année (ce n'est pas trop dire, et l'analogie exige ce chiffre,) un homme se casse la jambe; on mande un chirurgien, aussi heureux qu'habile; celui-ci pose l'appareil, suit avec sollicitude les phases du mal, et, au bout de la quarantaine, les os de notre nonagénaire se sont rapprochés, reliés entre eux, et voilà notre homme en pleine voie de rétablissement. Peindre sa joie et sa reconnaissance, serait inutile : chacun la comprend; mais voici bien une autre affaire. Quelques jours se sont à peine écoulés dans ces doux sentiments de bien-être du corps et de l'âme, qu'un de ses bons amis d'enfance vient le voir et le féliciter sur son heureuse et prompte guérison. Celui-ci convient de son bonheur, affirmant qu'il marche aussi bien qu'avant sa chute, et, pour en convaincre son ami, se lève et fait devant lui quelques pas.

— C'est bien, c'est bien, dit le vieil ami ; il reste, à la vérité, une légère *inflexion ;* mais qu'est-ce que cela ?

— Point du tout ; je ne boîte pas, et ne veux pas boîter.

— Vous avez mille fois raison : il ne faut point boîter.

— Allons, allons ; qu'on fasse tout de suite venir le chirurgien : il faut qu'il m'arrange cela.

L'homme de l'art ne tarde pas à arriver.

— Monsieur, dit-il, on n'y peut rien ;

autrement il faudrait de toute nécessité recasser la jambe.

— Eh bien ! qu'à cela ne tienne ; qu'on recasse la jambe.

— Ah ! songez-y bien ; à votre âge, la chose est sérieuse.

— N'importe ; cassez, cassez toujours ; avant tout il faut marcher droit : d'ailleurs, j'ai été un vert gaillard dans mon temps, et je puis encore supporter l'épreuve.

Ainsi qu'on le pense bien, l'homme habile se retire ; aussitôt il est remplacé par un carabin. Celui-ci, fier et joyeux de son rôle, sans manifester aucune appréhension, se met à opérer le vert gaillard de jadis et en fait... un cadavre.

Maintenant, si l'on vous demandait ce que vous pensez de ces trois braves gens, que répondriez-vous ? nous le voyons, vous secouez la tête ; c'est assez...; du reste, il ne pourrait pas en être autrement. Eh bien !

> Mutato nomine de te
> Fabula narratur.

Toutefois , il faut en convenir , l'analogie n'est pas complète : les hommes de la bénigne opposition ne veulent rien briser , rien casser ; ils admettent le bien opéré , il s'agit seulement de lui donner une autre origine , un continuateur de leur choix , mais le tout sans bruit, sans convulsions.

Eh ! Messieurs, se peut-il bien ? Vous pensez que ce diadème qui s'est échappé, comme un météore, du sein de la plus effroyable tempête, pour venir se poser tout incandescent encore sur la tête d'un homme aux proportions colossales, qui a fait ses preuves et des preuves phénoménales, vous pensez le faire glisser doucement sur la tête d'un autre homme. Mais d'abord, quel que soit cet homme, dont je ne prétends point contester le mérite, il y a mille à parier contre un qu'il manquera de spécialité et que cette couronne brûlante le calcinera, avant même qu'il l'ait posée sur son front.

Mais, pour parler sans figure, supposons que vous parvinssiez à suspendre pour un instant l'action du pouvoir qui existe, êtes-vous bien sûrs d'en recueillir les débris ? N'est-il pas infiniment plus probable que journalistes, socialistes, républicains, voltairiens, orléanistes, tous gens dont les preuves sont faites et les instincts connus, se jetteraient sur vous, nous bâillonneraient, nous écraseraient, et ne laisseraient en partage aux survivants que de nouvelles ruines et de nouveaux affronts ? Car ne nous abusons pas, nous ne sommes pas les plus forts ; nous avons quelques officiers sans doute, mais nous n'avons point de soldats, c'est-à-dire d'armée. Or, quelle que soit la validité d'un contract, il n'est rien, ou du moins il n'est pas assez sans la force. Ce n'est pas nous qui le disons :

« Lorsqu'un homme fort et bien armé garde
« l'entrée de sa maison, tout ce qu'il possède est
« en sûreté ; mais s'il en survient un autre plus
« fort que lui, qui le surmonte, il emportera
« toutes ses armes dans lesquelles il mettait sa
« confiance, et il partagera ses dépouilles. »
(Saint Luc. c. 11.)

Ceci n'est certes pas la reconnaissance d'un principe, c'est l'exposé d'un fait dont toute sagesse humaine doit faire son profit. Toutefois, vous viendrait-il en pensée de nous dire que l'antiquité de la race est un talisman qui porte à l'amour, force au respect, préserve de l'émeute, du fer des assassins et des diverses entreprises scélérates, mieux que ne sauraient le faire le canon et les armées? Eh! mon Dieu! peut-on bien s'abuser à ce point? jadis, oui peut-être, mais aujourd'hui...!

Voyez notre saint roi, martyr sublime, le duc de Berry, la reine d'Angleterre, le jeune et intéressant empereur d'Autriche, fils d'une si excellente et si généreuse mère! Que leur manquait-il en blason, en légitimité, en droit à l'amour populaire?

Et Louis-Philippe! il n'était pas légitime, nous le savons; il l'était moins qu'aucun de ses sujets, puisqu'il avait lui-même brisé le principe et le fait de la légitimité; mais il tenait d'aussi près que possible à une famille légitime. Eh bien! quel homme, quel prince fut jamais plus injurié, plus vilipendé, plus souvent le point de mire des assassins, et plus triomphalement chassé de ses Etats.

Or, nous disons que pour courir les chances d'une pareille éventualité, renoncer au bienfait prodigieux du fait accompli, auquel se rattachent évidemment la fortune, la vie, les intérêts sacrés et profanes de la société, c'est à coup sûr pour les hommes véritablement hommes de bien et ayant pris le temps de penser, assumer une grande et effrayante responsabilité; car ne vous y trompez pas, Louis-Napoléon et ses œuvres n'appartiennent pas seulement à vous ni à nous, mais au monde qui en a besoin.

Dailleurs, vous respirez l'air de la communauté, vous y vivez en paix, vous y mangez votre pain, vous y buvez votre vin sous la protection des lois, et vous prétendriez ne lui rien devoir, et même au besoin pouvoir loyalement soutenir ses ennemis, dont la plupart sont les vôtres, sinon par vos actes, du moins par les grogneries et les bouderies de vos salons.

Mais nous vous entendons. Vous parlez de

communauté ! Il s'agit de savoir quelle est cette communauté. Vous prétendez que c'est vous autres, et nous, nous disons que c'est nous autres; notre affection, notre fidélité, nous ne les devons pas plus à votre communauté que vous ne les devez à la nôtre.

Ceci semblerait spécieux ; mais pour rendre la position nette et tranchée, appelons-en au principe le plus vaste, le plus incontestable dont relèvent les choses humaines.

Le juste, c'est l'utile : non pas toutefois l'utile suivant le caprice et les intérêts de chacun, ce qui serait bien la maxime la plus niaise et la plus scélérate qui eût jamais été inventée ; mais l'utile suivant les intérêts généraux de la communauté.

Que si, par la puissance sans cesse croissante de l'activité humaine, un courant électrique venait à s'établir entre les diverses communautés d'Europe ou du monde, et que ce contact de tous les jours, de tous les instants, leur communiquât des pensées, des besoins, des intérêts communs, et de telle manière que toutes ces communautés, sous certains rapports, n'en fissent plus qu'une, fédérative; les conséquences du principe s'agrandiraient; mais le principe ne changerait pas de nature. Ce serait toujours l'utile à la grande communauté qui serait le juste, et l'injuste ce qui lui serait nuisible.

Ce principe sacré est si profondément gravé dans toutes les consciences et sur le dernier banc du tuf social, que nos voisins d'outre-mer qui, depuis si longtemps, le bravent avec une audace sans nom, à la face du monde, sans la moindre apparence d'hostilité sur l'horizon, naguère inondaient leurs côtes et leurs mers de bronze et de salpêtre, dans le sentiment intime qui les poursuit que les nations, tôt ou tard, les rendront responsables du mépris qu'ils ont fait de l'*utile* général, et de la barbarie avec laquelle ils l'arrachent de leurs mains, et puisque la matière nous y conduit si naturellement, nous ajouterons : Il est incroyable que Nicolas, avec son génie et sa grande âme, ne tienne pas plus de compte dans ses calculs de l'*utile* humanitaire.

Maintenant, demandez en détail aux membres de la communauté française, telle que la voilà, demandez ensuite en général aux diverses communautés fédératives qui nous entourent, ce qui leur semble le plus utile, ou la communauté française, telle que le prodige nous l'a faite et que nous la possédons, ou bien la communauté ou plutôt les chances scabreuses de la communauté que vous rêvez, et vous verrez de quel côté par acclamation sera placé l'utile, et par-là le juste.

Mais nous irons plus loin : demandez au même aréopage quelle est, entre les diverses communautés, celle dont l'existence et la stabilité font l'objet de ses plus vives préoccupations. Demandez-lui encore de tous les fronts couronnés, tant anciens que nouveaux, sans en excepter ce jeune et aimable rejeton de vieille souche, qui vient de recevoir tant de touchants témoignages de vénération et d'amour, quel est celui dont l'existence semble la plus importante. Oui soumettez-lui cette double question, et le grave et imposant tribunal vous répondra :

France et Napoléon !

Maintenant, pour faire une contre-épreuve, demandez à Ledru-Rollin, à Mazzini, à Kossuth et à toute leur bande, quel est l'homme qui les embarrasse le plus sous le soleil, et tenez pour certain qu'ils vous répondront :

Louis-Napoléon !

Eh bien ! de bonne foi, vous en faut-il davantage, et n'est-ce pas le cas ou jamais de *mettre la cheville à la roue de la fortune* comme le philosophe du Périgord trouvait avantageux de le faire dans presque toutes les positions de la vie ?

Mais vous dites, ou plutôt il en est plusieurs d'entre vous qui disent et peuvent dire, car dans toute catégorie d'hommes, ils sont rares ceux qui peuvent articuler ces paroles :

« Nous sommes dans la voie de la fidélité. A l'exemple de nos pères, nous y vivrons, nous y mourrons, advienne que pourra. »

Maxime noble et sainte, dans tous les âges ! aussi sainte, aussi noble maintenant que jamais elle put l'être ! Mais ici encore il faut déterminer quel est l'objet de votre fidélité. Nous le voulons, c'est celui dont, enfant, votre mère vous apprit à balbutier le nom sur ses genoux ; c'est celui que, jeune homme, la voix et l'exemple de vos pères, ainsi que tous les échos du foyer domestique, vous ont signalé pour votre seul seigneur et votre seul maître.

C'est très-bien. Remarquez-le toutefois, vos pères et vos mères, le foyer domestique pouvaient-ils vous donner d'autres enseignements? Pouvaient-ils vous parler de ce qu'ils ne connaissaient pas, de ce que nul ne connaissait et ne soupçonnait? Lisaient-ils dans les terribles mystères de l'avenir, et leur était-il possible de préparer, de mettre en harmonie vos actes avec le futur état des choses et des hommes?

Pouvaient-ils vous dire, par exemple : Si quelque jour l'extension des journaux, existence de la liberté de la presse, la découverte des voies ferrées qui dévorent l'espace et décuplent la durée, le télégraphe électrique qui donne à la parole la rapidité de la pensée, venaient à se produire dans le monde; si, par suite de cet état de choses, les nations, éblouies et prenant l'excès de leur industrie pour l'extrême sagesse, venaient à se fédérer pour opérer, sous le prétexte du bonheur de l'humanité, une conflagration générale; si, lorsque déjà de nombreuses victimes auraient payé leur tribut à la férocité des réformateurs, et que tout palpiterait d'effroi, tout à coup un homme de génie, un homme fort apparaissait, brisait les brandons enflammés dans la main des incendiaires, les muselait, les dispersait, et avec autant de rapidité et d'humanité que de gloire rendait la paix au monde épouvanté, quelque prodigieux qu'il pût être, ne lui donne point ton suffrage, ne lui viens aucunement en aide, laisse-le se débattre avec le génie du mal et succomber à ses étreintes, s'il le faut. Pour toi, reste attaché à notre ancienne fidélité, morte ou vive »

Non, ils ne vous ont point dit cela, parce que d'une part, étant dans une invincible ignorance des faits, ils ne pouvaient pas vous le dire, et que, de l'autre, ils avaient trop de connaissance de Dieu et des hommes pour ne

Sans parler de son premier désastre dont la
pensée ne peut se supporter, deux fois plein
d'amour et de respect; ne l'avons-nous pas trans-
porté des terres étrangères sur son sol natal où
il pouvait puiser la sève à plein bord, et deux fois
ses rameaux languissants ne se sont-ils pas
éteints sous nos yeux désolés, comme tout s'é-
teint d'ailleurs sous le soleil, en attendant qu'il
s'éteigne lui-même?

Mais de plus, à différentes reprises dans les
jours néfastes dont nous sortons, n'avons-nous
pas vu le sol qui couvrait ce précieux germe,
se soulever, s'émouvoir, pour ainsi dire, comme
s'il allait l'enfanter? nous de l'attendre avec im-
patience et dévoûment, et chaque fois le germe
royal, ne pas répondre au travail du sol et re-
tomber sur lui-même comme s'il n'avait pas la
force de supporter le grand jour.

Tout cela est bien de nature, ce semble, à
commander la plus grande circonspection au
plus noble et au plus consciencieux dévoûment.
Ainsi, du moins, le pensait un homme grave,
un penseur considérable que vous ne reniez pas
plus que nous.

« Ou la maison de Bourbon, disait-il, est enfin condamnée par un de ces jugements de la Providence dont il est impossible de se rendre raison, et dans ce cas, il est bon qu'une nouvelle race commence une succession légitime, celle-ci ou celle-là, n'importe à l'univers; ou cette famille doit reprendre sa place... »

Ainsi parlait Joseph de Maistre, en 1802; que dirait-il donc aujourd'hui?

Le même écrivain ajoutait en 1811 : « Je compte peu sur cette politique qui me paraît n'en savoir pas plus que par le passé. Les circonstances où nous sommes ne ressemblent à rien de ce qu'on a vu jusqu'ici; nous ne saurions nous en tirer par les voies ordinaires. Si jamais il paraît un homme qui soit le véritable antagoniste du mal, en un clin d'œil tous les yeux se tourneront sur lui. » Nous le répétons, que dirait-il aujourd'hui?

Paroles d'homme que tout cela, penserez-vous? Sans doute, mais paroles prodigieuses et palpitantes d'actualité ; et si des faits nombreux et patents viennent à les corroborer, ces paroles, quel ascendant ne devront-elles pas prendre sur vos dénégations à vous, qui n'avez ni paroles, ni faits à nous opposer; au point que si d'aventure la fortune venait à changer de favori, nous pourrions dire encore tout haut, nous autres : C'est de notre côté que se trouvaient la vraie pénétration, le courage et la sagesse?

Enfin, votre résistance nous paraît si étrange, que nous vous dirions volontiers : Avez-vous pour vous quelques révélations positives? parlez, nous sommes prets à nous rendre. Que si l'on nous repartait : Et vous, qui vous inspire? nous répondrions sans hésiter : Les faits, les faits disons-nous, et le temps de les observer. Cependant un homme qui doit connaître les faits et a pris le temps de les observer, résume ainsi un travail sur les *discours et messages de Louis-Napoléon.*

« Au reste, il est une impression générale qui résulte de la lecture des pièces importantes de cette publication; c'est que celui qui écrit ces pages se considère surtout comme investi d'une mission exceptionnelle et extraordinaire. Nous n'avons pas à contredire un pareil sentiment ; car sous plusieurs rapports il est le nôtre. Plus d'une fois nous avons insisté sur ce caractère extraordinaire et exceptionnel, conséquence inévitable d'une époque révolutionnaire, et qui ressort bien plus encore, quand on la met en regard avec l'ordre permanent et légitime des sociétés et des gouvernements anciens. »

Mais, en vérité, nous ne voyons rien là qui ne consacre le droit de Louis-Napoléon, bien loin de lui porter la plus légère atteinte.

Vous dites que Louis-Napoléon se considère comme investi d'une mission exceptionnelle et extraordinaire ; de votre côté, vous déclarez être tout disposé à le croire ; nous autres, nous n'en doutons pas. Un fait peut-il être plus avéré, et ceux qui en déposent plus d'accord? pour autoriser vos préoccupations et les faire partager à d'autres, vous engagez à mettre en regard cette mission exceptionnelle, extraordinaire et providentielle, sans doute, bien que vous n'en parliez pas, avec l'ordre permanent et légitime des so-

ciétés et des gouvernements anciens. Eh quoi!
une mission providentielle ne pourrait pas tenir
en face du travail des hommes et du temps? Mais
qu'y a-t-il de plus fort au monde qu'une mission,
exceptionelle, extraordinaire et providentielle?
d'un autre côté, l'ordre permanent et légitime
des sociétés et des gouvernements anciens, a-t-
il donc si bien résisté à la tempête universelle,
qu'on puisse assurer qu'il n'y a d'abri que sous
son pavillon?

Vous cherchez, il est vrai, à insinuer que
cette mission bien constatée, bien connue de
Louis-Napoléon, de vous et de nous ne sera pas
éternelle; bien d'autres choses ne le sont pas.
Du reste, quand finira-t-elle? le savez-vous? Aujourd'hui, demain, dans un an ou dans un siècle? oseriez-vous conseiller à Louis-Napoléon de
s'en décharger, de la renvoyer à Dieu, si nous
osons ainsi dire, par délicatesse de conscience?

Voyez plutôt : que devenaient-ils ces gouvernements anciens à l'ordre permanent, si
l'homme de la mission providentielle n'était
venu les arracher de l'abîme qui allait les en-

gloutir tous? et que deviendraient-ils, encore, aussi bien que nous, si sa mission lui était retirée?

Un déiste du dernier siècle, le déclamateur Diderot, criait à ceux qu'il ne pouvait gagner à ses opinions religieuses : *Elargissez, élargissez Dieu.* Si nous l'osions, nous crierions volontiers aux hommes de bien avec lesquels nous avons le regret d'être en opposition quelques jours encore : Elargissez, élargissez votre horizon; vous persistez dans des voies exclusives de salut, parce que vous n'êtes pas assez épouvantés ; vous croyez n'avoir à subir qu'une révolution locale, tandis que vous avez à combattre une véritable révolution humanitaire. Ce n'est ni vous, ni nous peut-être qui en verrons la fin; mais tremblons du moins de faire une opposition mesquine, passionnée, de peur qu'en repoussant une ressource, nous les perdions toutes, et qu'au lieu de saisir une couronne, nous ne trouvions qu'un amas horrible de sang et de boue.

La légitimité, sans doute, à laquelle vous rapportez toutes vos espérances et sacrifiez tous vos moyens, renferme en elle de grands, d'immenses avantages; mais, d'une part, elle n'est pas le premier des biens pour la société. Le premier des biens, c'est l'existence; il faut donc aller au plus pressé. D'autre part, très-certainement la légitimité n'a point été consacrée de Dieu, ni souscrite par les hommes en faveur des individus qui devaient en être les dépositaires ou qui s'en trouvaient possesseurs. En effet, depuis le peuple de Dieu jusqu'à nous, sur combien de fronts indignes ne s'est-elle pas reposée ? N'importe : malgré la profanation du principe, il n'en est pas moins salutaire pour la société. Mais, remarquons-le bien toutefois, il s'agit ici, non pas de la négation du principe en général, mais de la suspension de ce même principe, dans un coin de la terre seulement. Néanmoins, que l'expression nous soit permise, c'est du ressoudage de ce tronçon de légitimité que, au mépris des manifestations les plus significatives et les plus providentielles, même d'après votre propre aveu, vous faites dépendre notre triomphe sur les vastes instincts sociaux, qui nous ont épouvantés et nous épouvantent encore. N'est-ce point véritablement faire ici à la pauvre humanité un embarras de la légitimité, tandis qu'elle est établie pour la secourir ? Vous la lui imposez, vous croyez devoir vous y dévouer comme si elle faisait partie de la justice absolue ou de la loi naturelle, et ce n'est pas cela.

Nous ajouterons encore : un homme dont les paroles, quoique gravement controversées, n'ont pas moins conservé un grand retentissement, Montesquieu n'hésite pas à dire, il est vrai : « L'honneur est l'âme des monarchies, la vertu celle des républiques. » Mais, n'est-il pas certain qu'une monarchie ou une légitimité trois fois brisée, trois fois désarmée, une légitimité dont les souvenirs se perdent progressivement dans les masses, et même dans les cœurs généreux harassés d'espérances trompées ; qu'une légitimité enfin, cela est douloureux à avouer, contre laquelle un trop grand nombre de ses sujets nourrit de rancuneux souvenirs, n'a pas le tempérament moins délicat qu'une République, et que, pour recouvrer ses droits et les conserver, il lui faut au moins, avec le concours de l'honneur qui toujours doit lui être assuré, l'appui, le concours de la vertu ? Nous ne disons rien de l'honneur; mais, avant de travailler à nous confier à la légitimité et à nous la confier, faites donc de la vertu, faites donc de nous des hommes vertueux, des hommes religieux, ou restez coi. Agir autrement, c'est placer l'effet avant la cause.

Enfin, nous dirons à tout hasard : cette inexorable inflexibilité dans l'application d'un principe, quelque honorable qu'elle puisse être, bien que toujours glorifiée par le vulgaire honneur, pourrait bien quelquefois ne pas l'être par la sagesse qui vaut mieux que l'honneur.

En somme, la cité est en feu; tous les citoyens valides de corps et d'esprit n'hésitent pas à apporter leur contingent d'eau et de travail, pour arrêter l'incendie; d'autres, au risque de lui laisser tout envahir, discutent froidement entre eux pour décider quel sera l'architecte qu'ils chargeront de réparer les désastres. Nous le demandons ici, où est le rôle du véritable homme de bien, du véritable homme de sens qui a pris le temps de penser?

Enfin, enfin quelle que soit la richesse de

vos légendes, y trouverez-vous beaucoup de princes qui aient acheté l'accès au pouvoir suprême
par moins de sacrifices, que Napoléon III, et
qui en aient fait moins pour s'y maintenir? De
quel sang ses mains portent-elles la plus légère
empreinte? Son diadème, de quel front l'a-t-il arraché? Une nation éperdue, prête à se suici-
der, vient se jeter dans ses bras; elle lui offre le
pouvoir, par trois votes successifs, il l'accepte
et le défend : voilà son histoire.

Aussitôt, véritable pasteur des peuples, il
s'occupe en détail et avec une sollicitude croissante des hommes confiés à sa garde ; il connaît
leurs besoins et les soulage; il connaît leurs
droits, et les respecte ; il connaît leurs devoirs,
et travaille consciencieusement à les leur faire
remplir.

Pour obtenir une obéissance plus facile, il
ne va pas livrer en vaine pâture à leur folle joie
le vaste champ de l'immoralité, comme l'ont
fait trop souvent les souverains de la vieille Europe. Loin de là; il croise sans cesse sur les
confins du fatal parcours et en restreint l'éten-

duc, autant que le lui permettent la sagesse
et l'habileté. Sans préoccupation, sans fanatisme aucun, il ne néglige rien de ce qui inté-
resse l'homme animal, l'homme intelligent,
l'homme moral, l'âme enfin, l'âme humaine,
cette sublime essence, si oubliée, si méconnue
des rois et des sujets, si méprisée de beaucoup,
et pourtant de première valeur sous le soleil,
l'astre lui-même compris.

Gloire, honneur et immortalité à l'homme
bien digne du diadème, qui dans les jours
qui nous sont faits s'avise d'une tache si sublime!

Nous n'en sommes point là de ne pas pres-
sentir l'accueil que bien des gens feront à la
candeur de ces paroles ; mais nous nous y ré-
signons sans peine, et nous ajouterons, pour
toute représaille :

« Vous voulez vivre sans votre âme, sans la
plus importante partie de vous-même, la plus
noble, la plus belle ! Mais, en supposant ce qui
n'est pas, qu'ainsi tronqués vous puissiez vivre

matériellement, à la façon de la brute, qui vous dit que le puissant et divin ouvrier qui s'est complu à réunir admirablement en un même faisceau, âme, organes et intelligence, dans son indignation ne se verra pas contraint de rendre pour jamais votre espèce monstre au néant?

Mais, quelle que soit la valeur de Louis-Napoléon, quels que soient son génie, la force de son caractère, et le principe suprême de sa mission, il n'en est pas plus un dieu, il n'en est pas moins qu'un homme, et un homme d'autant plus vulnérable, d'autant plus en péril que l'éclat de son étoile le signale davantage à toutes les haines, à toutes les convoitises de la scélératesse et de l'envie, et l'expose plus aux félonies de l'adulation et à l'enivrement de son propre cœur.

Nous ne craignons donc pas de le dire, dans le besoin immense que nous avons tous de sa conservation, de son habileté et de sa sagesse, tout homme qui pense, quels que soient son rang, sa fortune, son individualité, doit voir, entendre, écouter pour lui, lui faire courage, le consoler, le conseiller au besoin, enfin l'entourer de témoignages de respect, de dévoûment et d'amour même, selon l'équité de son cœur, bien loin qu'il lui soit permis de jeter un seul grain de sable dans le bassin de la balance opposé à celui qui contiendrait ses destinées.

A ces paroles, nous le prévoyons, « le genre humain n'est donc plus à l'agonie. Louis-Napoléon à paru, tout est sauvé; le genre humain est à flots, et les hommes vont filer des jours d'or et de soie. » Pardon, nous ne disons pas cela; nous avons dit, il est vrai, il y a dix-sept ans : le genre humain est à l'agonie; le genre humain n'a point d'avenir dans les voies où il se précipite; nous pensons en avoir fourni des témoignages nombreux, dans le temps, que les faits n'ont que trop justifié du reste, de manière que nous n'avons pas un mot à renier de ce que nous avons dit alors.

Mais, depuis, la face des choses a changé : le bien avance, le mal recule; des actes, des lois, des sollicitudes tout à fait inespérées, tout à fait impossibles d'après le demi-siècle et plus qui vient de s'écouler sous nos yeux, sont journellement produits au grand jour, et avec une telle prudence, un tel bonheur, que les populations les plus indociles commencent à se résigner, à en accepter les bienfaits. Or, nous le demandons, l'espérance ici n'est-elle pas un acte raisonnable, et presque l'accomplissement d'un devoir?

Maintenant, tous ces symptômes si précieux, si encourageants, d'où émanent-ils? autour de qui se groupent-ils? Y a-t-il moyen, en face d'eux, de décliner l'individualité de Louis-Napoléon? Dès lors, ne sommes-nous pas tout à fait dans les limites du droit sens et de la raison, quand nous nous bornons à dire : Louis-Napoléon est envoyé providentiellement au secours de l'humanité agonisante, non point pour l'arracher miraculeusement à la mort, mais pour déblayer les voies de sa conservation qu'elle a laissé obstruer, lui signaler celle de l'abîme que l'orgueil voilait à ses yeux, et la laisser encore une fois disposer de ses destinées.

En somme, Dieu a conçu le plan de salut,

Louis-Napoléon a mission de le mettre en œuvre, c'est aux hommes à l'accomplir.

Voilà notre profession de foi, et, certes, elle n'a rien à redouter de la première.

Toutefois, nous le sentons très-bien : « C'est aux hommes à l'accomplir! Qu'est-ce à dire, sinon qu'il ne s'accomplira pas ? » A cela nous répondrons : « Si comme vous nous ne sommes pas sans crainte, comme vous, à beaucoup près, nous ne sommes pas sans espérance. »

Sans doute, l'homme s'est bien fourvoyé, le mal s'est bien profondément enraciné dans ses entrailles, la liberté de la presse entre autres, ce fléau le plus vengeur des fléaux de Dieu, que pourtant invoquent encore trop d'imprudents génies; la liberté de la presse, en proclamant en tout lieu, dans les tavernes et dans les palais, en plein soleil et à pleine voix, et, chose admirable ! en plein pouvoir, ses instincts, ses conseils, ses paroles, paroles, instincts, conseils que jusqu'à ce jour les hommes les plus méchants, les plus sinistres, les plus audacieux, n'osaient ar-

ticuler et même écouter que dans l'ombre et loin
de tout regard; la liberté de la presse, disons-
nous, a bien porté l'atteinte la plus grave à tout
pouvoir, à toute croyance, à toute pudeur, à
toute famille, à toute propriété, à toute sociabi-
lité, à toute bonne parole; mais au milieu de cet
horrible chaos qu'il a favorisé, nous le savons,
qu'il a vu ourdir sous ses yeux avec prédilection,
dans le fort de cette orgie incessante, où il s'est
abîmé avec de furieuses délices, l'homme est-il
heureux, se croit-il heureux, se sent-il heureux?
Oh! si loin de là, que rien ne lui paraît plus effrayant que le silence et la paix, qu'un tête-à-
tête avec lui-même; sa vie entière ne semble
qu'une succession de désespoirs. Conspiration,
jeu de bourse, voyages, entreprise, vengeance,
tout cela est entaché d'un certain tête ou pile
qui afflige, qui désole, qui épouvante.

Mais de ce que l'homme est arrivé au comble
du malheur, s'ensuit-il qu'il faille en désespé-
rer? Tant s'en faut que là même est la source
de l'espérance.

En effet, quels que soient ses torts et ses mi-

sères, il ne s'est point encore transformé en
monstre, il tient bien encore de la créature
complète, il n'a point entièrement rompu avec
le besoin de sa conservation, on ne l'a point encore entendu s'écrier, dans la dureté de son
cœur : Montagnes, tombez sur nous ! Hâtez-vous
donc, hâtez-vous donc, il en est temps encore,
méditez, travaillez; à coup sûr il y a dans le monde
quelque dictame propre à régler les battements
de son cœur, et à les remettre en harmonie avec
les conditions absolues de son existence ; l'avez-
vous trouvé ce dictame précieux? présentez-le
lui, et soyez sûr qu'il l'acceptera, qu'il l'impa-
tronisera dans ses veines avec autant et plus
d'empressement et d'ardeur qu'il ne l'a fait jadis
du poison, sous l'action duquel il se débat con-
vulsivement aujourd'hui.

Mais, avant tout, dans quel ordre de faits
chercherons-nous la secourable, la prodigieuse
substance ? Sans doute le progrès matériel, dont
l'expression grimace toutefois dans toute bouche
à âme, mais qui tient tant de place dans le
monde aujourd'hui, enfante journellement des
merveilles qui sont bien de nature à exciter

quelques instants la curiosité des hommes et à donner quelque répit à leur exaltation maladive. Mais il faut bien se garder, ce nous semble, de faire trop de fonds sur son appui, et de l'encourager au-delà de ce qu'exigent les préjugés de l'époque et nos rapports internationaux.

Car, que cette courte digression soit permise :

L'homme a de l'infini dans l'âme, bon gré mal gré, il en est rempli ; c'est son instinct, c'est sa vie ; cependant tout ce que le progrès a enfanté et enfantera est frappé d'un sceau indélébile de fini, et, ce qui est bien pis mille fois encore, bientôt le sera de la triste marque de la vulgarité, de la trivialité, qui ne lui laissera que le fatal pouvoir de redoubler les exigences de l'âme et de la précipiter dans de plus cruelles déceptions. Tenez-le pour certain, si sous l'influence du progrès le monde a gagné en coquetterie, il a perdu, et infiniment perdu en grande séduction, en moyens de distraction, en élément de bonheur.

Nous en sommes tellement convaincus, quant

à nous, que nous ne craignons pas d'avancer qu'un congrès chimérique probablement, à l'égal de celui du bon abbé de Saint-Pierre, où toutes les nations de la terre réunies conviendraient de s'interdire certains procédés trop envahissants du progrès, rendrait un plus grand service à l'humanité qu'aucune découverte que l'homme ait jamais faite. En voici la preuve, il nous semble.

L'espace, le poétique espace, qu'est-il devenu? Le voilà désenchanté, le voilà vaincu : il n'a plus ni gloire, ni jouissance, ni vigueur à distribuer. Dans 70 minutes, la parole de l'homme ou sa pensée franchit la plus grande étendue de son empire terrestre. Qu'est-ce donc que l'espace? vaut-il la peine de se réjouir ou de s'affliger à son sujet?

Ce n'en est pas assez encore : l'ingénieuse et même admirable découverte de Daguerre ne semble-t-elle pas venir mettre le dernier sceau à sa nullité?

Une des préoccupations de votre vie, naguère,

était de lutter contre l'espace, de transiger respectueusement avec lui pour arriver en face de tel chef-d'œuvre de l'art , de telle merveille de la nature : aujourd'hui, sans tant de façons, avec un sans-gêne désenchantant, vous faites un signe , et les merveilles de la nature, les chefs-d'œuvres des arts viennent eux-mêmes se présenter à vous. Et quelle atteinte portée au charme de la réalité que cette apparition, tout incomplète qu'elle soit !

Penseriez-vous vous abriter sous la puissance magique de vos fourneaux, de vos chantiers de toute nature, de votre industrie incommensurable ? Hélas ! hélas ! rien n'est plus vrai : la poussière de vos routes n'est pas plus docile au souffle de la tempête que la matière à tous les caprices de l'homme ; mais que deviendront ses plus riches métamorphoses entassées dans des galetas ? Incessamment qui en voudra, qui les paiera ? Combien de fois déjà ne l'avons-nous pas vue plus appréciée, plus recherchée, en sortant des mains de la nature qu'après avoir subi le travail intelligent et dispendieux de l'ouvrier ? Dès lors, quel attrait si grand peut avoir la matière, et quel allégement nouveau est-il permis d'en attendre ?

Mais c'est peu que le progrès ait dompté l'espace, ait subjugué la matière : par une conséquence formidable de ses efforts il a doublé, décuplé la durée ; et ceci n'est point une fiction, ce n'est point une hyperbole, c'est une triviale vérité, pour quiconque a le temps de penser.

Songez-y donc : chefs des nations civilisées, comment, avec la seule assistance d'un monde matériel si appauvri, si exploré en tous sens, si dénudé de poésie, comment pourriez-vous espérer remplir et régler toute une vie humaine, surchargée d'une durée double et décuple de ce qu'elle était, lorsque le monde n'était qu'un grand poème, la vie humaine qu'une pastorale (1)? et songez à la masse épouvantable d'oisi-

(1) Dans la prétention d'enchérir sur les jouissances vulgaires de l'ouïe, vous groupez bien, il est vrai, vos musiciens par cent, deux cents, peut-être plus, en attendant que vous en veniez à les grouper par milliers ; mais y songez-vous, est-ce pour des dieux ou pour des diables

veté, d'indigence et d'immoralité qui pourrait être la conséquence de votre essai infructueux. Voyons donc ailleurs :

Combien comptez-vous de soldats sur le sol de la France? quatre cent mille, si nous ne nous trompons, tous pris dans la partie la plus forte, la plus active, la plus puissante de la généra-

que vous travaillez? car l'homme, avec ces organes d'homme, n'a rien a attendre de ce charivari, que de l'humiliation et de la tristesse. Dans un même local, en face des mêmes spectateurs, vous déroulez bien coup sur coup concert, opéra, tragédie, comédie. Eh bien ! qu'est-ce que tout cela, sinon du dégoût et de la satiété mise en action?

Il est donc très-vrai de penser et de dire que le monde des sensations s'est grandement appauvri, et que, pour le rajeunir, il est opportun d'y compter moins et de lui donner un rôle moins obligé. Aussi est-il très-probable et même certain, si la société doit durer encore, que ces asiles si nombreux jadis, où tant d'hommes et de femmes vivaient heureux au seul dépens du sentiment du devoir, prendront un nouvel et grand essor parmi nous, malgré les déclamations de certaines catégories d'hommes, et les actes félons de certains peuples renégats, d'autant que les gouvernements sages et habiles ne sauraient mieux faire que de les encourager.

tion; eh bien! ces quatre cent mille herculéens, la plupart du temps oisifs, disséminés dans des villes et des bourgades monotones, n'ayant rien à démêler avec l'espace ni avec la matière, et supportant ainsi le poids du temps dans toute sa pesanteur; eh bien! ces hommes désœuvrés, sans distraction, exposés à toutes les passions que chaque homme porte en soi-même, vous les trouvez toujours, aujourd'hui comme jadis, gais, dispos, contents et dévoués aux intérêts de l'ordre et du pays, tandis que vos populations flottantes, vous savez ce qu'elles contiennent de sensualisme, de satiété, d'orgueil, de cruauté, et ce qu'il faut en attendre au jour du moindre ébranlement social. Le même sang circule-t-il dans les veines de ces deux classes d'hommes, sont-ils nés sous le même soleil, mangent-ils le même pain? Oui; mais les uns sont les enfants abandonnés de l'indépendance, les autres les fils respectueux de la discipline.

Cependant la discipline n'est pas la vertu, n'est pas la sagesse; mais elle en est comme le matériel; elle ne persuade pas aux soldats de fuir les mauvais lieux, mais à telle heure elle les en arrache ; elle ne leur vante pas la sobriété, mais elle les punit de l'ivresse ; ainsi en est-il de tous les penchants fâcheux ; elle ne les fait pas disparaître, mais les atténue et les amoindrit en rompant leurs cours avec persévérance, et par là, facilite le développement des penchants heureux, comme aux champs la faux passée à plusieurs reprises et dans le temps de la sève, sur certaines plantes parasites, en désinfecte le sol sans autre travail et le dispose à recevoir les plus précieuses semences. La discipline encore supplée le travail, tient lieu de sensation, distrait des besoins factices, prévient l'horrible tourment de la satiété, et laisse, si nous osons le dire, assez de délicatesse et de fraîcheur à l'âme et aux organes pour apprécier le bien et se contenter d'une vie prudente et raisonnable. On n'en saurait douter, les nobles instincts, le beau caractère qu'a déployés notre glorieuse armée dans les jours néfastes d'où nous sortons, sont le résultat et la glorieuse récompense de sa discipline ; et n'est-ce point elle encore qui revient avec le plus de zèle et de loyauté à la foi de ses pères ? Quelle pompe émouvante et triomphale n'a-t-elle pas déployée aux si

gracieuses cérémonies de la Fête-Dieu, et n'é-
tale-t-elle pas encore tous les jours fériés, à la
célébration du saint sacrifice au milieu de ses
camps ! Nous ne savons, mais on dirait que
dans le cœur du soldat soumis à la discipline il
y a quelque chose du cœur de la jeune fille, vivant sous les yeux de sa mère.

Et cette arme qui, divisée par deux, trois,
quatre ou cinq hommes dans une multitude de
localités, la plupart loin des yeux de leurs officiers supérieurs ! Qui a pu donner à tous ses
membres, sans qu'un seul ait manqué à l'appel,
cette valeur, cette fidélité, cette constance hé-
roïque qu'un trop grand nombre d'entre eux ont
payées de leur vie, et quelques-uns des supplices
les plus barbares ?

Ne serait-on pas bien tenté de croire que la
discipline de l'époux et du père de famille, jointe
à celle du soldat, a opéré ce prodige, que l'histoire, du reste, appuyée sur la reconnaissance
et l'admiration contemporaines, classera parmi
les faits d'armes les plus étonnants et les plus
glorieux pour un corps ?

Mais la discipline, tout efficace, tout obligée qu'elle soit, n'est pourtant que la discipline, et malgré toute l'extension possible à lui donner, elle ne pourra jamais toucher de sa baguette magique qu'un certain nombre d'individus, et encore dans certains cas seulement. Cependant, pauvres et riches, monarques et sujets, ignorants et savants, nous sommes bien indigents ; nous avons bien besoin d'un lest puissant pour nos pauvres cœurs ; nous avons besoin à en mourir d'une tâche obligée, de tous les jours, de tous les instants, qui maîtrise nos vertiges, et d'une poésie qui endorme nos douleurs, triomphe de notre satiété et écrase le sensualisme, l'orgueil qui nous dévore. Eh bien ! qui que vous soyez, ne vous troublez point, ce lest puissant, cette tâche obligée, cette suave poésie sont sous votre main, disposez-en : en deux mots, c'est la poésie du devoir.

En effet, la poésie du devoir agit dans une sphère sans limites : citadins, villageois, jeunes hommes, vieillards, riches, pauvres, rois, sujets, maîtres et esclaves, elle les enserre tous, et en tous lieux et en tout temps, la nuit, le jour, au lit, à table, l'hiver, l'été, et a pour tous des paroles, des émotions, des joies, des enseignements, et au besoin des terreurs. La poésie du devoir, il n'est donné à rien au monde de la rendre triviale, contrairement à toutes les autres délices de la terre; plus on en jouit, plus on veut en jouir, quels que soient le nombre et la nature de ceux qui s'enivrent de ses charmes, et plus on frémit à la pensée d'en être privé. Avec elle toutes les positions sont enchantées, ou du moins bonnes, ou du moins supportables, et dans tous les cas aucune n'est jamais débordée par le désespoir ; mais rien, absolument rien, ne peut la remplacer, et pour en citer un fait entre des milliers d'autres :

N'avions-nous pas espéré, et nous tout le premier, que la division de la propriété, la création des caisses d'épargne, l'immensité des capitaux semés comme la poussière sur la surface du sol et répartis sous le titre d'actions entre tous les rangs, toutes les conditions, toutes les fortunes, grandes et petites, formeraient un contre-poids secourable au relâchement de la morale et des croyances, c'est-à-dire à l'oubli du devoir, et nous mettraient pour jamais à l'abri de la sauvagerie de 93? Eh bien! qu'en est-il résulté? vous le savez, rien, absolument rien; ceux même qui étaient pourvus de cette précieuse poussière dispersée sur le sol n'ont pas été moins ardents à exciter les tempêtes qui pouvaient et devaient la dissiper sans retour. L'orgueil, l'envie, la rage, l'emportaient sur tous leurs autres intérêts; ils n'avaient plus de châteaux à incendier, de droits féodaux à détruire, d'abbayes à dépouiller; la boutique de l'épicier, l'échoppe du cordonnier, la retraite du plus modeste citoyen, mais vertueux, suffisaient pour enflammer leur convoitise, et encore un peu 93 et toutes ses horreurs étaient dépassées.

C'est donc en vain, tous les arts, toutes les transformations de la matière élevées à leur plus haute puissance, toutes les concessions, tous les stratagèmes, toutes les rigueurs de la loi civile, rien ne peut à l'égal du devoir secourir la pauvre espèce humaine dans le paroxysme effrayant où elle se trouve; aussi, oserons-nous l'avancer, une fois l'homme admis tel que le voilà fait, Dieu, Dieu lui-même en s'oubliant lui-même, si cela était possible, n'aurait pas d'autres moyens de le conserver sur la terre, dans l'état social toutefois, que de le soumettre à la puissance conservatrice du devoir. Et n'est-ce point un témoignage irrécusable, pour tout homme qui prend le temps de penser, du besoin que Dieu lui-même, si nous osons le dire, se sent du devoir que tout cet anormal menaçant et croissant à vue d'œil, dont il ne cesse, depuis un demi-siècle, de frapper l'homme dans sa personne et dans tout ce qui l'entoure?

Mais le devoir, il est bien certain, ne se sert pas de but à lui-même, sa poésie et sa force ne sont pas basées sur son utilité; rien, peut-être, ne serait plus honni et méprisé des hommes que le devoir, s'il n'avait pour lui que sa valeur intrinsèque. Pour être quelque chose, pour être beaucoup, pour être tout ce qu'il doit être, pour être tout ce qu'il faut qu'il soit, il faut nécessairement qu'il ait une origine surnaturelle, qu'il soit le fils, et le fils bien constaté des Dieux.

Or, à l'heure qu'il est, il ne saurait y avoir

d'hésitation; parmi les Dieux, il n'en est plus qu'un de vivant, le Dieu du catholicisme; le reste est mort ou expire, tout ce qu'il y a de puissant par le cœur et l'intelligence les abandonne, et ceux qui prétendent résister à l'entraînement général ne font que compromettre la justesse de leur esprit et la réalité de leur bonne foi.

Qui que vous soyez, toutefois ne vous effarouchez pas de l'autorité dont nous invoquons le haut patronage; le catholicisme que vous ne connaissez pas peut-être n'est point, comme ils le disent, un tyran plein de petitesse, de fanatisme et de cruauté; il est, au contraire, un maître grand, généreux et rempli d'humanité. Il accepte l'homme tel qu'il est; ses passions, ses goûts, il les respecte tous; soyez soldat, laboureur, magistrat, adonnez-vous au négoce, restez dans le célibat, consacrez-vous au mariage, vous êtes libre, choisissez; seulement n'abusez ni de vous ni des autres. Il autorise, il est vrai, il encourage même les élans de certaines âmes généreuses qui, dans leur passion pour la vérité, se complaisent à lui sacrifier leurs goûts, leurs penchants les plus légitimes, et à vivre

pour elle de privations, comme le pratiquaient
du reste Pythagore, Plutarque, Marc-Aurèle et
tant d'autres; mais il ne fait un devoir à personne de les imiter, pas plus qu'à se faire soldat,
magistrat ou laboureur.

S'il vous ordonne impérieusement de pardon-
ner l'injure; s'il exige que vous respectiez le
bœuf, la servante, la femme de votre voisin,
les mêmes obligations il les impose à votre
voisin en votre faveur. Est-il un homme d'honneur qui puisse refuser une pareille réciprocité?
Enfin, êtes-vous riches, êtes-vous monarques,
ses deux éternités en main, il veille à la porte
de vos demeures et sur les marches de votre
trône, pour vous protéger vous, votre couronne
et vos trésors, contre toutes les entreprises, les
félonies des masses trop souvent injustes et
barbares; êtes-vous pauvres, avec lui vous ne
manquez du moins ni de pain, ni de tombe, ni
de berceau, vos enfants lui seront chers à l'égal
de ceux des princes, il les instruira, il les vê-
tira; il vous conduira tous à la porte des riches
les plus endurcis, les plus cruels, et au nom
des deux mêmes éternités il leur imposera le

devoir obligé de vous aimer, de vous secourir, de vous respecter ; il fera mieux encore, il vous comblera de tant de bénédictions, il vous assurera un si brillant avenir, il vous élèvera à une telle hauteur dans la hiérarchie des plus heureux et des plus glorieux, qu'il sera vulgaire de voir des femmes, des hommes pliant, pour ainsi dire, sous le faix de la beauté, de la jeunesse, de la naissance, du génie et de la fortune, secouer tous ces mille avantages comme de vils oripeaux pour prendre place parmi vous, pour se réfugier dans la catégorie des bons pauvres.

Riches et pauvres, pauvres et riches, y a-t-il rien dans tout ceci qui blesse vos intérêts et votre orgueil ? Où trouverez-vous plus de raison, de loyauté et d'humanité ? Où trouverez-vous une autorité aussi puissante, aussi universelle, aussi charitable, et par là aussi propre à sauver l'homme de lui-même, en ravivant le devoir dans son cœur ?

Par exemple, figurez-vous sous son influence ces hommes rebelles à tout frein, ces hommes de mauvais vouloir, qui nous ont tous fait trem-

bler naguère. Détournés de leurs complots sinistres par la surveillance de l'autorité et la force
de la loi, que deviendront-ils, accablés qu'ils
sont du poids de leur temps; l'œil hagard, la
tête baissée, ils marchent au hasard pleins
d'une sombre préoccupation ; cependant, ils
passent et repassent devant ces tavernes et tous
ces lieux infectés, d'où naguère leur arrivaient
tant de monstrueuses espérances, tant de courage pour le mal, tant d'animation pour leur
existence éperdue ; mais à chaque fois qu'y
trouvent-ils ? solitude, silence, abandon ! Dans
leur redoublement de tristesse, ils se replient
avec plus de force sur eux-mêmes, une espèce
d'épouvante commence à les gagner, ils sont
tentés de maudire leur fortune passée, et de
renouer avec les hommes.

D'aventure l'un d'eux passe devant une église
où la foule se précipite, il la suit machinale-
ment ou plutôt, heureux qu'il est de marcher
de pair avec ses semblables, dont ses stygmates
humiliants et un reste de loyauté lui semblent
le retrancher; là il est entouré de ses voisins,
de ses anciens camarades. Leur air de sécurité,

de bonheur, l'estime dont il sait très-bien qu'ils jouissent, la prospérité de leur position, tout cela comparé à ce qu'il se voit, à ce qu'il se sent, le décourage, l'afflige de plus en plus.

C'est bien tard pour revenir, mais ne se serait-il point trompé? S'il se prenait à faire comme ceux dont il envie le sort; si, comme eux, il se soumettait aux lois, respectait les magistrats, s'abstenait des mauvais propos et ne fréquentait plus, ou bien moins, ces hommes et ces lieux, que sont malheur est d'avoir connus; s'il assistait aux offices de l'église, bien loin d'insulter M. le curé, de le braver, ne pourrait-il pas devenir honnête avec lui, le saluer...? peut-être cela lui réussirait-il, peut-être retrouverait-il là ce repos, cette sécurité qu'il a perdus. Tout cela, il est vrai, le plus souvent n'est qu'un passe-temps éphémère, qu'un songe; mais si ce n'est pas du remords, ce n'est pas du désespoir, ce n'est pas de la rage, et, certes, en situation c'est bien quelque chose, ou plutôt c'est beaucoup.

Cependant le temps suit son cours et continue son travail ; quatre, cinq ou six années seulement ne passent point sans laisser quelque trace sur toute existence humaine; l'ardeur du sang s'amoindrit, les passions se modèrent, et lorsqu'à ces causes naturelles se joignent la surveillance d'une autorité intelligente et l'intimidation de la loi, on peut très-raisonnablement espérer quelques heureux amendements, même dans la génération malade. Mais d'autres ressources plus puissantes encore vont vous être offertes : une nouvelle génération arrive, les enfants de quatre ou cinq ans , aujourd'hui vierges encore du venin qui a infecté leurs pères, vont grandir pieusement sous la surveillance spéciale , et heureusement en faveur de ces hommes si dévoués, si habiles et si religieux; cinq ou six ans encore, et ces enfants en auront onze ou douze, et pleins de foi, de générosité et de dévoûment, ils deviendront, par leurs exemples et leurs candides propos, les missionnaires naturels du foyer domestique. Par exemple, ils refuseront la viande, quand on leur en offrira les jours où elle est prohibée; aux jurements, aux paroles mauvaises on verra leur jeune front en souffrance se couvrir d'une chaste rougeur.

S'ils n'opèrent pas des amendements complets,
ils facilitent du moins à la tendresse, nous dirons même à la faiblesse paternelle, la possibi-
lité de concevoir le repentir et d'en faire la règle
de son avenir ; mais ce n'est point assez, vienne
le grand jour, ce jour qui laisse des traces dans
toute existence catholique, le jour de la première communion ; le redoublement d'amour
de ces jeunes cœurs pour leur Dieu ne s'opère
pas sans accroître leur touchante sollicitude pour
leur famille, et notamment pour leur père ; ils
n'ignorent pas les égarements de sa vie, et ils
tremblent pour son âme. Une occasion particu-
lière de l'émouvoir se présente, ils vont la saisir avec une filiale avidité. La veille au soir du
jour bénit, du jour attendu dans un saint trem-
blement, ils tombent à genoux à ses pieds, selon l'usage : « Mon père, pardonnez-nous nos
désobéissances, tous nos manquements, et don-
nez-nous votre bénédiction. » Profondément
ému à l'aspect de l'innocence à ses pieds, lui
demander pardon à lui, sa bénédiction à lui...!
Oui, mes enfants, je vous pardonne et vous bénis
de toute mon âme. — « Mais ce n'est point assez,
mon père, il faut que vous nous accompagniez

à l'église, que vous priiez pour nous à nos côtés;
venez, venez, mon père, notre pauvre mère sera
au comble de ses vœux, et Dieu vous en bénira
à coup sûr. — Oh! c'est trop fort! et les attirant,
les pressant dans ses bras, les couvrant de bai-
sers et de larmes, oui, mes pauvres enfants, je
vous suivrai à l'église, je prierai Dieu à vos côtés, j'appellerai ses bénédictions sur vous, et là
je m'engagerai à me réunir à vous, à vivre et à
mourir avec vous dans la foi de nos pères, que
j'ai eu le malheur d'oublier trop longtemps, et à
devenir bons citoyens.

Ceci, il est bien vrai, n'est que l'histoire d'un
seul homme, et c'est sur des millions d'hommes
qu'il faut agir. Ce sont des millions d'hommes
qui doivent être ramenés dans les voies de l'honneur, de la discipline, de la soumission aux
lois; ce sont des millions d'hommes qu'il faut
faire rentrer dans les saintes limites assignées au
père de famille, à l'époux, à l'enfant, au citoyen, à la créature éternellement responsable
de ses actes et de ses pensées; eh! qu'importe
le nombre? le principe régénérateur invoqué dès
longtemps a fait ses preuves, non point sur

des millions d'hommes, mais sur le genre humain ; il les a faites en face d'antagonistes bien plus redoutables que ceux avec lesquels il lui reste à se mesurer ; car les premiers, hors les esclaves, qui ne comptaient pas, pour ainsi dire, avaient tout à perdre à se rendre, C'était pour eux une question de vie et de mort, tandis que les seconds ont presque tout à gagner à le faire ; ce n'est qu'un calcul de bon sens et d'amour de soi.

C'est peu : dans le début de la lutte, le principe avait été livré à lui-même ; Dieu le voulait ainsi, quelques pauvres pécheurs, quelques hommes grossiers et ignorants formaient tout son personnel ; tandis qu'aujourd'hui, sans tenir compte des nombreuses populations qui, épouvantées de la sauvagerie qui les menace, appellent à grands cris son appui civilisateur, les plus belles âmes, les plus beaux génies de l'univers font profession de s'abimer dans son sein, et enfin, l'homme prodigieux, en qui ses amis et ceux qui ne le sont point n'hésitent pas à reconnaître une mission providentielle, Louis-Napoléon consacre à son triomphe tout ce que les temps et les lieux, son génie et sa prudence l'autorisent à lui consacrer.

Quel motif d'espérance! que de raison, que d'urgence pour agir!

« Vous qui craignez le vol, le carnage, l'incendie; vous qui frémissez à la pensée de ce que peut devenir l'homme livré à lui-même, soyez donc catholiques !

« Pères et mères, le marasme, les tristes langueurs, les distractions infamantes et ruineuses, l'horreur de soi, l'épouvantable, le désolant suicide veillent à la porte de vos demeures; vos jeunes fils, vos jeunes filles mêmes, il les convoite; déjà il les a scellés au front : pères et mères, hâtez-vous, n'hésitez pas, soyez catholiques! Que chez vous, dans leur naïve et religieuse candeur, règnent les lois, les mœurs, les usages de l'antique et pure catholicité; qu'à genoux, matin et soir, sur les marches de vos palais ou les dalles de vos chaumières, entourés de vos serviteurs, de vos enfants, de vos enfants au sortir de la mamelle, vous leviez au ciel vos mains suppliantes. Qu'à votre exemple chacun trace sur son front et sur sa poitrine, avant et après le repas, le signe auguste du salut des hommes, qui, bien qu'avili, débordera le temps et remplira l'éternité. Qu'au su et au vu de votre famille, vous alliez assidûment laver les souillures de votre conscience dans la piscine sacrée, et fortifier votre âme au banquet des héros et des saints. Pères et mères, au nom de vos entrailles, soyez catholiques !

« Cœurs religieux, mais cœurs timides, trop indubitable majorité des cœurs, jamais plus belle occasion s'est-elle présentée d'échapper à vos tyrans? Vous les voyez avec leur monde tel qu'ils l'ont fait, craquant de toutes parts jusqu'à les assourdir, sont-ils assez humiliés, assez épouvantés ? et vous trembleriez devant eux ! Allons, allons, cœurs timides !

« Ne le sentez-vous pas, la croix n'est plus une folie : c'est une sagesse ; c'est aujourd'hui l'unique et la seule sagesse de la terre. Encore un peu, les hommes, ou il n'y aura plus d'hommes pour se juger les uns les autres, se demanderont : — Est-ce un véritable disciple du Christ, est-il catholique? — Allons, allons, cœurs timides, par timidité même, secouez contre eux la poussière de vos pieds ; soyez catholiques !

« Monarques, qui tremblez pour vos diadèmes ; riches, qui tremblez pour vos trésors; sujets, qui tremblez d'orgueil; pauvres, qui tremblez de rage; pour recouvrer la paix tous, soyez catholiques !

« Jeunes épouses, qui portez dans votre sein plus grand, plus précieux qu'un univers, toujours votre sublime tâche a été laborieuse, peut-être le devient-elle mystérieusement de plus en plus chaque jour; votre faible cœur se trouble, votre courage maternel demanderait presque merci; jeunes épouses, pour alléger le poids qui pèse sur vos entrailles, croyez-en mes paroles, soyez catholiques !

« Hommes de hautes pensées, à qui la vue du monde donne des vertiges; législateurs, qui ne savez plus où trouver de lois; poètes,

prosateurs, qui ne savez plus où trouver d'ex-
pressions; corps débiles, de vigueur; valets,
de docilité joyeuse; maîtres, de subordination;
laboureurs, de chaleur ou de rosée; soyez catholiques!

« Vous qui voulez des rois, vous qui voulez
des juges, vous-mêmes qui voulez des conseils
populaires; tout cela est bon, équitable; vous
pouvez avoir tout cela, mais soyez catholiques!

« Vous que le juste châtiment du parricide
révolte; vous qui, de la liberté divine de la
pensée dans chaque conscience d'homme, en
concluez la libre circulation de son image parmi les hommes; quelles que soient la noblesse
et la générosité des sentiments dans lesquels
vous vous confiez, voulez-vous savoir au juste
où vous en êtes avec la vérité? Soyez catholiques!

« Jeunes hommes et jeunes filles, qui rêvez
de brillants établissements et de chastes amours,
eh bien! oui, rêvez de brillants établissements,
rêvez de chastes amours; mais ne rêvez rien en

dehors de la catholicité! Que vous feraient les
hôtels somptueux, les pierreries, les équipages,
les meutes et toutes les délicatesses du luxe,
si vous n'aviez plus d'organes, plus d'énergie
pour sentir? Que vous feraient même les époux
brillants, les épouses séduisantes, si vous
n'aviez plus ni sensibilité, ni chaleur, ni vertu
pour aimer? Jeunes hommes et jeunes filles,
afin de n'être point horriblement désabusés dès
l'aurore même de votre vie, pour donner de la
réalité à vos songes, avant tout soyez catholiques!

« Vous dont le métier est, à coup sûr, le plus
brillant et peut-être le plus noble des métiers;
soldats, voulez-vous échapper, je ne dis pas à
l'entraînement du séjour des camps, l'avis serait par trop banal, mais à vos accablants et
périlleux loisirs au milieu des cités, de nos cités sans croyance, sans fidélité et sans joie;
soldats, soyez catholiques!

« Vous qui, vous abusant sur l'humaine
condition, cherchez chaque jour avec une nouvelle passion et une nouvelle sécurité, dans les

arts , dans la gloire, dans les courses lointaines,
dans les déplacements perpétuels des éléments
de votre fortune , dans la multiplicité des com-
binaisons industrielles, dans l'élégance ou la
bizarrerie de vos habitations, de vos meubles ,
dans la forme, dans la forme surtout des insti-
tutions politiques , dans les pensées de votre
propre esprit, dans les sentiments de votre
propre cœur, qui cherchez là , dis-je, un bonheur, une plénitude de vie qui n'y est point, qui
n'y a jamais été, et qui en est plus loin aujour-
d'hui que jamais; voulez-vous, vous désenchantant de cette étrange et dangereuse manie , laisser respirer le monde, votre pays, votre famille,
et respirer vous-mêmes ? voulez-vous vous tenir
à un égal éloignement d'une condamnable in-
dolence et d'une funeste activité ? En un mot,
ambitionnez-vous le courage et l'intelligence de
ne faire ni l'ange, ni la bête, mais l'homme ?
Eh bien ! soyez catholiques ?

« Vous qui avez avec nous une commune
origine, qui, en principe du moins, adoptez
pleinement notre Christ, à quelque interpréta-
tion près de ses paroles : Venez, rentrez au ber-

caïl, de nouveau confondez-vous avec nous. C'est bien le cas de faire deux bandes ! il s'agit bien d'amour-propre, de vaine subtilité en matière de chose de Dieu, au point où nous en sommes, où la création entière en est avec lui ! n'en doutez pas, nous irions à vous avec ardeur et franchise, si vous étiez ce que nous sommes et que nous fussions ce que vous êtes. Mais, de bonne foi, pouvons-nous aujourd'hui, surtout aujourd'hui, échanger notre unité et nos certitudes, à l'épreuve de tous les âges écoulés et de celui qui s'écoule, contre vos doutes éternels et vos éternelles variations sans cesse croissantes ? Nos cœurs ne sont-ils pas déjà assez languissants ? Quel bien supposez-vous que cette abjuration ferait à Dieu ou aux hommes ? je dis plus, après y avoir mûrement réfléchi, après avoir jeté un coup d'œil scrutateur sur l'état du monde, sur l'âme et sur la matière, consentiriez-vous à ce qu'elle fût universelle, cette abjuration ? vous hasarderiez-vous à désirer que tous nous fussions disciples de Luther et de Calvin ? Non, vous ne vous y hasarderiez pas, et j'en jure. Eh bien ! pour être complètement prudents, pour être absolument sages, vous qui avez avec nous une commune origine, soyez donc catholiques !

« Enfants d'Isaac et de Jacob, triste reste de Benjamin et de Juda, assez de siècles ne se sont-ils pas écoulés ? n'êtes-vous pas rassasiés d'opprobres et de misères ? Ouvrez donc les yeux ; ouvrez vos livres, ces livres dont vous êtes si jaloux. Eh bien ! peuple aveugle, qu'y vois-tu ? tout n'est-il pas accompli ? et malgré tes anathèmes, y a-t-il moyen encore, pour la raison, de ne pas *supputer les temps ?*

« Enfants d'Isaac et de Jacob, triste reste de Benjamin et de Juda, réveillez-vous donc ! il en est temps : oubliez, oubliez le serpent d'airain ; jetez-vous au pied de la croix ; soyez catholiques !

« Vous tous, enfin, qui que vous soyez, fils intelligents de la terre, membres de la race humaine en souffrance, voulez-vous vivre, voulez-vous vivre heureux ? eh bien ! soyez catholiques, mais vrais et sincères catholiques. »

Ainsi, et seulement ainsi les hommes accompliront le plan de salut conçu par Dieu, et qu'a mission de mettre en œuvre l'empereur Napoléon III.

FIN.

www.ingramcontent.com/pod-product-compliance
Lightning Source LLC
Chambersburg PA
CBHW061410060726
47597CB00003B/1020